W0054380

*Aber kein Genuss ist
vorübergehend,
denn der Eindruck,
den er hinterlässt,
ist bleibend.*

Johann Wolfgang Goethe

Feines
Dinkelgebäck

von
Anja Völkel

BuchVerlag
für die Frau

S. 2: Cupcake-Osternester
(Rezept S. 55)

ISBN 978-3-89798-449-3

© BuchVerlag für die Frau GmbH,
Leipzig 2014
Fotos: Anja Völkel
Einband, Satz und Typographie:
Uta Wolf
Druck: Salzland Druck, Staßfurt
Bindearbeiten: Müller Buchbinderei
GmbH Leipzig

Printed in Germany

www.buchverlag-fuer-die-frau.de

Inhalt

Mit Dinkelgebäck durch das Jahr 6

Dinkel – ein besonderes Getreide 8

Backzubehör und Vorbereitungen 17

Teig-Grundrezepte 22

Silvester- und Neujahrsgebäck 30

Süßes zur Karnevalszeit 40

Osterfreuden 50

Für den Kaffeetisch im Mai 59

Kuchen & Beerentörtchen 69

Herzhaft Gebackenes zum
  Grillabend 82

Leckereien nicht nur für Kinder 92

Advents- & Weihnachtsgebäck 103

Süßes Naschwerk durchs Jahr 112

Rezeptverzeichnis 123

Mit Dinkelgebäck durch das Jahr

Nichts in der Küche macht so viel Spaß wie das Backen. Man kann die eigene Familie ebenso wie Freunde, Bekannte oder Nachbarn mit den süßen oder herzhaften Leckereien verwöhnen.

Es sind keine komplizierten Grundtechniken für das Backen zu erlernen, die Vorbereitungen sind schnell erledigt und es sind auch keine ausgefallenen Backutensilien notwendig. Und die eigenen selbst gemachten Leckereien schmecken doch am besten! Vor allem kennt man bei selbst zubereitetem Gebäck die verwendeten Zutaten.

Dieses Büchlein hält für Sie unterschiedliche gesunde Backgenüsse aus Dinkel bereit. Freuen Sie sich auf süßes und pikantes Gebäck durch das ganze Jahr. Die mehrfach erprobten Rezepte sind Schritt für Schritt und gut verständlich erklärt.

Viel Spaß beim Nachbacken!

Dinkel –
ein besonderes Getreide

Mit Dinkel hat die Natur ein frucht-
bares und zugleich ganz besonderes
Getreide hervorgebracht. Bereits in
der Bronzezeit, also 4000 bis 1000
v. Chr., kam Dinkel aus dem nahen Osten über den Balkan und später nach
Europa. In der Jungsteinzeit wurde
Dinkel schon in Mittel- und Nordeu-
ropa, aber vor allem im Alpenraum
angebaut. Ab 1700 v. Chr. wurde Dinkel erstmals in der Deutschschweiz
erwähnt, bevor er im 18. Jahrhundert
zum Handelsgetreide wurde. Damals
baute man Dinkel parallel zu Weizen hauptsächlich im süddeutschen
Raum an. Wie sehr man dieses Ge-

treide damals schätzte, zeigt sich noch heute in manchen Stadtwappen oder Ortsnamen wie Dinkelsbühl oder Dinkelhausen.

Dem Getreide wurden schon damals gesundheitliche Vorteile und eine besondere Verträglichkeit nachgesagt. Erfahrungsberichte beschreiben eine positive Wirkung von Dinkel z. B. bei Hauterkrankungen wie Neurodermitis oder bei Weizenunverträglichkeit.

Schon die Heilige Hildegard von Bingen erkannte den Wert von Dinkel für eine gesunde Ernährung. Sie beschrieb bereits die positiven Wirkungen dieses Korns, die erst heute bestätigt werden. So ist Dinkel eine gute Alternative zum Weizen, auch in der Babynahrung, und wird von Allergikern sowie von Menschen, die auf gesunde Ernährung Wert legen, sehr geschätzt. Dinkel ist leicht bekömmlich und hat eine stimmungsaufhellende Wirkung. Aufgrund seiner Beschaffenheit hat er sich u.a. auch bei Stoffwechsel- und Verdauungsstörungen sowie Schleimhauterkrankungen bewährt. Die bessere Verträglichkeit von Dinkel ist auf seine sehr gute Wasserlöslichkeit zurückzuführen. Deshalb werden die Inhaltsstoffe des Dinkels leichter und schneller vom Körper als Nahrung aufgenommen, so dass der Körper keine belastende Verdauungsarbeit leisten muss.

Im Vergleich mit anderen Getreidearten ist Dinkel aufgrund seiner Inhaltsstoffe ein Multitalent. Er enthält mehr Eiweiß und Vitamine als die herkömmlichen Getreidearten und ist der ideale Begleiter für alle, die auf eine ausreichende Proteinzufuhr achten müssen. Durch seinen hohen Anteil an Ballaststoffen macht Dinkel lange satt.

Dinkel trägt zum gesunden Aufbau von Gehirn, Leber und Muskelzellen bei, besonders durch die enthaltenen B-Vitamine und Mineralstoffe wie z. B. Phosphor. Erwähnenswert ist auch der Gehalt an Kieselsäure, der für ein straffes Bindegewebe sowie gesunde Haut, Haare und Nägel sorgt.

Dinkelschnitten (Rezept S. 116)

Das volle Korn ist durch ein spezielles Aminosäurengemisch auch für die Bildung von glücklich machenden Gehirnbotenstoffen verantwortlich. Dinkel unterstützt also nicht nur die Körperfunktionen, sondern wirkt sich auch positiv auf die Denk- und Konzentrationsfähigkeit aus – ein wahres Wundergetreide.

Dinkel ist mit dem Weizen zwar eng verwandt, hat aber auch viele vom Weizen abweichende Eigenschaften und Inhaltsstoffe.

So sind der Aminosäure- und Vitamingehalt wie auch der Anteil essentieller Fettsäuren, Kohlehydrate, Mineralstoffe und Spurenelemente bei Dinkel höher als bei Weizen. Dinkel hat grundsätzlich einen höheren

Proteingehalt als Weizen, ist aber durch seine andere Struktur nicht so belastbar wie Weizenkleber.

Leider wird das Backen mit Dinkel oft als schwierig angesehen, dem Teig werden schlechtere Backeigenschaften nachgesagt. Diesen kann man aber leicht entgegenwirken. Es ist z. B. möglich, dass sich der Teig wegen der feuchten Oberfläche ein wenig schlechter kneten lässt. Darüber hinaus hat Dinkelgebäck den Ruf, schnell altbacken oder trocken zu werden. Man kann das jedoch verhindern, indem man stets auf eine ausreichende Wasserzufuhr achtet, bei Hefegebäck immer mit einem Vorteig arbeitet und den Teig prinzipiell schonend knetet. So erhält man wieder Gebäck mit vollmundig nussigem Geschmack mit einer schönen Krumenfarbe. Dinkel ist allerdings durch seinen Gehalt an Klebereiweiß kein Ersatz bei Glutenunverträglichkeit!

Kurz zusammengefasst:

- Dinkel: keine neue, aber eine leider fast vergessene Getreideart
- Dinkel trägt besser als jedes andere Getreide zur gesunden Ernährung bei.
- Dinkel liefert einen sehr hohen Gehalt an Ballaststoffen, Spurenelementen und Vitaminen.
- Dinkel hat einen geringen Energiewert und somit keine leeren Kalorien.

Backzubehör und Vorbereitungen

Backformen

Gute Backformen sind das A und O beim Backen. Die Hitze wird gleichmäßig und effektiv an den Teig weitergegeben. Backformen gibt es aus verschiedenen Materialien, wie z. B. Aluminium, die billiger, aber nicht so robust sind, oder aus Edelstahl, die sehr langlebig sind und sich nicht verziehen.

Dann gibt es noch beschichtete Formen, aus denen sich Gebackenes leichter auslösen lässt, die aber nicht so langlebig sind, oder die sehr guten, aber nicht so preisgünstigen Silikon-Formen.

Es empfiehlt sich, herkömmliche Backformen oder das Backblech immer mit Backpapier auszulegen oder sorgfältig einzufetten und mit etwas Dinkelbrösel oder Dinkelmehl zu bestreuen, um das Gebäck nach dem Backen besser aus der Form lösen zu können.

Vorbereitungen

Verwenden Sie wenn möglich die im Rezept angegebenen Größen oder Formen mit dem gleichen Backvolumen. Backzeit und Teigmenge sind abhängig von der Formengröße und entsprechend in den Rezepten ange-

Grillbrot in feuerfester Keramikform
(Rezept S. 90)

geben. Bei einer zu großen oder zu kleinen Form kann der Teig ungleichmäßig backen, aus der Form laufen oder zu dunkel werden. Es muss nicht exakt eine quadratische Form sein, falls dies im Rezept angegeben ist, sie muss lediglich denselben Volumeninhalt besitzen. So können Sie beispielsweise statt einer 24 x 24 cm großen quadratischen Form auch eine runde Springform mit 26 cm Durchmesser verwenden.

Alle Gebäcke haben eine bestimmte Backtemperatur die je nach Backofentyp bei Umluft, Ober-/Unterhitze oder Gas deutlich variieren kann. Die in diesem Buch angegebenen Backzeiten und auch die Backtemperaturen beziehen sich auf einen Elektrobackofen und Ober-/Unterhitze. Zu beachten ist außerdem, dass bei der Backzeit der Backofentyp sowie das Alter des Backofens eine Rolle spielen. Daher sind die in diesem Buch angegebenen Backzeiten nur ungefähre Werte. Für ein gutes Backergebnis sollten Sie den Backofen auf die angegebene Temperatur vorheizen und gegen Ende der Backzeit Ihr Backwerk genau beobachten.

Teig-Grundrezepte

Süßer Mürbeteig

300 g Dinkelmehl • 100 g Zucker
1 Pck. Vanillinzucker
1 Prise Salz • 200 g Butter
1 Eigelb

....

Dinkelmehl in eine Schüssel sieben, mit Zucker, Vanillinzucker und Salz vermengen. Butter in kleine Flöckchen schneiden und mit dem Eigelb in den Teig einarbeiten. Zu einem gleichmäßigen Teig verkneten und in Alufolie eingewickelt im Kühlschrank für mindestens 2 Stunden kalt stellen. Dem Rezept entsprechend formen und backen.

Salziger Mürbeteig

300 g Dinkelmehl • 150 g Butter
1 Ei • ½ TL Salz
1–2 EL kaltes Wasser

Dinkelmehl in eine Schüssel sieben. Butter in Flöckchen auf dem Mehl verteilen und mit Ei, Salz und Wasser rasch verkneten. In Alufolie einwickeln und im Kühlschrank mindestens 2 Stunden ruhen lassen. Dann nach den Rezeptangaben entsprechend formen und backen.

Quarkölteig

300 g Dinkelmehl • 150 g Zucker
1 Prise Salz • 1 Pck. Backpulver
150 g Quark • 1 Ei • 1 EL Rapsöl

Das Dinkelmehl in eine Schüssel sieben und mit Zucker, Salz und Backpulver vermengen. Nun Quark, Ei und Öl nacheinander dazugeben und alles zu einem gleichmäßigen Teig verkneten. Sollte der Teig zu trocken sein, noch etwas Öl dazugeben. Wird der Teig zu weich, dann mit Mehl binden. Nun nach den Angaben im Rezept fertigstellen und backen.

Einfacher Hefeteig

500 g Dinkelmehl • 250 ml Milch
1 Prise Salz • 30 g frische Hefe

....

Das Mehl in eine Schüssel sieben und in die Mitte eine Vertiefung drücken. Lauwarme Milch in die Vertiefung geben. Salz zufügen und das Mehl locker mit einem Kochlöffel mit Loch verrühren. Die Hefe in die Mitte bröseln und ebenfalls mit dem Kochlöffel verrühren, bedeckt an einem warmen Ort 15 Minuten gehen lassen.

Nun je nach Rezept die restlichen Zutaten in den Teig geben, verrühren und mit dem Kochlöffel schlagen, bis er Blasen wirft und sich vom Schüsselrand löst. Anschließend bedeckt 30 Minuten an einem warmen Ort gehen lassen. Je nach Rezept den Teig entsprechend in Form bringen und erneut bedeckt 15 Minuten gehen lassen. Dann nach Rezeptangabe backen.

Strudel-/Filoteig

500 g Dinkelmehl • 1 TL Salz
100 ml Wasser • 6-7 EL Rapsöl

Dinkelmehl mit Salz, Wasser und 4 EL Öl zu einem gleichmäßigen Teig verkneten. Diesen zu einer Kugel formen, mit etwas Öl einpinseln und zugedeckt 20 Minuten ruhen lassen. Nun den Teig in 6 Stücke teilen, erneut mit Öl bestreichen und weitere 10 Minuten ruhen lassen.

Für Strudelteig den Teig 5 mm stark und für Filoteig den Teig so dünn wie möglich ausrollen. Nun wie im jeweiligen Rezept angegeben weiterverarbeiten und backen.

Tipp: Wenn man Öl durch Wasser ersetzt, gibt es auch einen guten Blätterteig-Ersatz. Mit Pergamentpapier zwischen den einzelnen Schichten lässt er sich gut einfrieren.

Brandteig

250 ml Wasser • 50 g Butter • 4 Eier
1 Prise Salz • 150 g Dinkelmehl

Wasser mit Butter und Salz in einem Topf aufkochen. Dinkelmehl auf einmal in die kochende Flüssigkeit geben und unter Rühren so lange kochen, bis sich ein Teigkloß bildet, der sich vom Topfboden ablöst. Vom Herd nehmen und in einer Schüssel leicht abkühlen lassen. Nach und nach die Eier mit einem Handrührgerät unterrühren, so dass ein glänzender weicher Teig entsteht. Den Backofen vorheizen und den Teig nach den jeweiligen Rezeptangaben backen.

Silvester- und Neujahrsgebäck

Strudelstangen

(Backblech)
Ergibt ca. 20 Stück

1 Strudelteig nach Grundrezept, S. 27
500 g Hackfleisch
1 Zwiebel • 2 EL Olivenöl
Salz • Pfeffer
Paprikapulver
100 g Oliven (entsteint)
150 g getrocknete Tomaten (in Öl
eingelegt) • etwas Petersilie
1 Eigelb • 1 EL Milch
2 EL Sesam
1 TL Schwarzkümmel

Den Teig 30 x 60 cm dünn ausrollen und in 12 Längsstreifen schneiden. Hack mit Zwiebelwürfeln in Öl anbraten und würzen. Oliven, Tomaten und Petersilie klein schneiden und unterrühren. 1 bis 2 EL Füllung auf die Teigstreifen verteilen, die Schmalseiten einfalten, zu Stangen rollen und die Ränder fest drücken. Eigelb mit Milch verquirlen, Oberseite damit bestreichen, mit Sesam und Schwarzkümmel bestreuen. Im heißen Ofen bei 200 °C 20 Minuten backen.

Sektcrissini

Ergibt ca. 25 Stück

250 g Dinkelmehl • 125 g Butter
1 Ei • 1 Pck. Backpulver
1 TL Salz • 3 EL Sekt • Rosmarin
2 EL geriebener Parmesan

Dinkelmehl mit Butter und Ei, Backpulver, Salz und Sekt verkneten. Etwas Rosmarin klein schneiden, den Parmesan dazugeben und mit dem Teig verkneten. In Folie gewickelt 2 Stunden im Kühlschrank ruhen lassen. Walnussgroße Teigstücke mit bemehlten Händen zu dünnen Würsten rollen, auf ein Backblech legen und im heißen Ofen bei 200 °C 20 Minuten backen.

Holländische
Rosinenkrapfen

Ergibt ca. 30 Stück

1 Hefeteig nach Grundrezept, S. 26
Schale von 1 Bio-Orange
140 g Zucker • 2 Eier • 75 g Butter
100 g Rosinen • 50 g gehackte Man-
deln • Öl zum Frittieren • Zucker

. . . .

Den Schalenabrieb einer Orange mit
Zucker, Eiern, Butter, Rosinen und
Mandeln mit dem Grundteig verkneten und 15 Minuten gehen lassen. Das Öl in einem Topf erhitzen,
mit einem Esslöffel Teig abstechen
und im heißen Öl backen. Mit einem
Schaumlöffel herausnehmen und im
Zucker wälzen.

Schmalzbrezeln

Ergibt ca. 20 Stück

300 g Dinkelmehl • 125 ml Milch
20 g Hefe • 250 g Zucker • 1 Ei
50 g Butterschmalz • 1 Prise Salz
1 l Frittierfett

Dinkelmehl in eine Schüssel sieben, mit lauwarmer Milch vermengen und die Hefe hineinbröseln. Kurz verrühren und zugedeckt 15 Minuten ruhen lassen. 50 g Zucker, Ei, Schmalz und Salz in den Teig einarbeiten und erneut zugedeckt 30 Minuten gehen lassen. Teig in gleich große Stücke teilen, zu Strängen rollen und diese zu Brezeln formen und erneut zugedeckt 15 Minuten gehen lassen. In einem hohen Topf oder einer Friteuse Fett erhitzen, Brezeln nacheinander frittieren und auf Küchenkrepp abtropfen lassen. Mit dem restlichen Zucker bestreuen und abkühlen lassen.

Glücksschweinchen

Ergibt ca. 13 Stück

1 Hefeteig nach Grundrezept, S. 26
100 g Zucker • 60 g Butter
1 Ei • 100 g Marzipan • 100 g Zucker
150 g gemahlene Walnüsse
3 Eiweiß • 2 Eigelb • 26 Rosinen

Teig 4 mm dick ausrollen, 26 Kreise mit 6 cm und 13 Kreise mit 3 cm Ø ausstechen. 13 große Kreise auf das

Backblech legen. Marzipan, Zucker, Nüsse und Eiweiß vermengen und auf die Mitte der Kreise geben. Ränder mit Eigelb bestreichen und einen zweiten großen Kreis darauf setzen. Mit Eigelb bestreichen und einen kleinen Kreis darauf setzen. Nasenlöcher und Ohren formen. Alles mit Eigelb bestreichen, Rosinen als Augen anbringen und 15 Minuten gehen lassen, dann im heißen Ofen bei 200 °C 15 Minuten backen.

Gefüllte Teigmuscheln

Ergibt ca. 15 Stück

250 g Dinkelmehl • 125 g Butter
2 EL Wasser • 1 Prise Salz • 1 Ei
100 g Sardellen (eingelegt)
2 EL Dinkelbrösel • etwas gehackte
Petersilie • 1 Eigelb • 2 EL Milch

Mehl, Butter, Wasser, Salz und Ei verkneten, 2 Stunden kalt stellen. Sardellen mit Brösel und Petersilie mischen. Teig 5 mm dick ausrollen, Kreise mit 8 cm Ø ausstechen und mit 1 TL Masse belegen. Eigelb mit Milch verquirlen, Ränder bestreichen, zu Halbkreisen fest zusammendrücken und auf einem Backblech im Ofen bei 175 °C 20 Minuten backen.

Süßes zur Karnevalszeit

Gebackene Donuts

Ergibt ca. 30 Donuts

500 g Dinkelmehl
250 ml Milch
30 g Hefe • 50 g Butter
100 g Zucker • 3 Eier
150 g Marzipan • 3 EL Amaretto
Puderzucker • Wasser
bunte Zuckerstreusel

Dinkelmehl zuerst mit Milch, dann mit Hefe verrühren und zugedeckt 20 Minuten gehen lassen. Butter, Zucker, Eier, Marzipan und Amaretto dazugeben, alles gleichmäßig verkneten. Den Teig erneut 40 Minuten

gehen lassen. Teig zu Donuts formen und auf ein Backblech legen.

Aus Alufolie eine kleine Röhre basteln, diese in die Donutmitten stellen, damit jeder Donut beim Aufgehen sein typisches Loch in der Mitte behält. Weitere 15 Minuten gehen lassen. Im heißen Ofen bei 200 °C 20 Minuten backen. Die fertigen Donuts auf einem Kuchengitter leicht auskühlen lassen. Puderzucker mit heißem Wasser zu einer dickflüssigen Glasur verrühren, die Donuts bestreichen und mit Zuckerstreuseln verzieren. Auf einem Kuchengitter vollständig auskühlen lassen.

Zauberstäbe

(Backblech)
Ergibt ca. 25 Stück

160 ml Wasser • 150 g Butter
90 g Zucker • 1 Pck. Vanillinzucker
380 g Dinkelmehl • 2 Eigelb
Kuvertüre

. . . .

Wasser mit Butter erhitzen, Zucker und Vanillinzucker einrühren, abkühlen lassen. Mit Mehl und einem Eigelb verkneten. Mit bemehlten Händen 20 cm lange und 2 cm dicke Stäbe formen, mit dem übrigen Eigelb bestreichen und bei 200 °C 15 Minuten backen. Kuvertüre im Wasserbad schmelzen und Anfang- und Endstück 4 cm in die Kuvertüre tauchen.

Luftschlangen

Ergibt ca. 25–30 Stück

1 Strudelteig nach Grundrezept, S. 27
2 EL Johannisbeermarmelade
Puderzucker zum Bestäuben

Teig zu zwei 30 x 60 cm großen Platten, etwa 4 mm dünn ausrollen. Marmelade leicht erhitzen, auf eine Teigplatte streichen, mit der anderen belegen. Teig in 3 x 20 cm lange Streifen schneiden. Einen Bogen Backpapier zu einer Rolle wickeln und die Teigstreifen darum wickeln. Auf einem Backblech im heißen Ofen bei 200°C 15 Minuten backen. Noch warm von der Papierrolle ziehen und mit Puderzucker bestäuben.

Mini-Berliner

(Backblech)
Ergibt ca. 15–20 Stück

Teig:

300 g Dinkelmehl • 20 g Hefe
150 ml Milch • 70 g Zucker
50 g Butter • 2 Eigelb

Außerdem:

2 EL Butter • Puderzucker
Marmelade zum Füllen

....

Die Teigzutaten verkneten, 60 Minuten gehen lassen, in gleich große Kugeln formen und 30 Minuten gehen lassen. Im Ofen bei 200 °C 15 Minuten backen. Noch heiß mit flüssiger Butter bestreichen, mit Puderzucker bestreuen und mit Marmelade füllen.

Quarkbällchen

Ergibt ca. 25 Stück

Teig:

Mark von 1 Vanilleschote
250 g Dinkelmehl • 250 g Quark
50 g Butter • 40 g Zucker • 3 Eier
1 Pck. Backpulver

Außerdem:

Frittierfett • 3 EL Zucker • ½ TL Zimt

· ·

Vanillemark mit allen übrigen Teig-
zutaten gleichmäßig verrühren. Fett
in einem hohen Topf erhitzen, Teig zu
Bällchen formen und im Fett backen.
Abtropfen lassen und im Zucker-
Zimt-Gemisch wenden.

Konfettitaler

(Backblech)
Ergibt ca. 35 Stück

125 g Butter • 125 g Zucker
3 Eigelb • Schale von 1 Bio-Zitrone
250 g Dinkelmehl
250 g Puderzucker • 4-5 EL Wasser
Lebensmittelfarbe

. . . .

Butter, Zucker, Eigelb, Zitronenschale und Mehl verkneten. Teig zu einer 5 cm dicken Rolle formen, in Folie wickeln und kalt stellen. In 5 mm dicke Scheiben schneiden und im Ofen bei 180 °C 15 Minuten backen. Mit einer Glasur aus Puderzucker, heißem Wasser und etwas Lebensmittelfarbe bestreichen.

Osterfreuden

Süße Lämmchen

Ergibt ca. 25 Stück

*1 süßer Mürbeteig nach
Grundrezept, S. 22
weiße Kuvertüre
3 EL Kokosflocken*

Mürbeteig 5 mm dick ausrollen und Plätzchen in Lammform ausstechen. Auf ein Backblech legen und im heißen Ofen bei 180 °C 12 Minuten backen. Kuvertüre schmelzen, Plätzchen damit bestreichen und mit Kokosflocken bestreuen.

Osterbrot

(Kastenform 30 cm)

Teig:

400 g Dinkelmehl
100 g Zucker
180 ml Milch
40 g Hefe

Füllung:

200 g Butter
2 Pck. Vanillinzucker
1 Prise Salz
1 Msp. Kardamom
250 g Rosinen
50 g Orangeat
200 g gehackte Mandeln
1 Ei • Puderzucker

Dinkelmehl, Zucker und Milch vermengen, mit der Hefe zu einem Vorteig verarbeiten. Teig zugedeckt 20 Minuten gehen lassen. Die Füllungszutaten ohne Puderzucker in den Teig einarbeiten und gleichmäßig verkneten. Erneut zugedeckt 40 Minuten gehen lassen.

Nun die Masse in die Form füllen, weitere 15 Minuten gehen lassen. Anschließend im heißen Ofen bei 190°C 60 Minuten backen. Abgekühlt mit Puderzucker bestäuben.

Osterhasen

Ergibt ca. 8–10 Stück

500 g Dinkelmehl • 250 ml Milch
30 g Hefe • 80 g Rohrzucker
60 g Butter • 1 Ei • 1 Prise Salz
1 Eigelb • 1 EL Milch • Rosinen

Mehl, Milch und Hefe verkneten und zugedeckt 20 Minuten gehen lassen. Zucker, Butter, Ei und Salz unterkneten und 30 Minuten gehen lassen. Teig 1 cm dick ausrollen, Hasen ausstechen, auf ein Backblech legen, 15 Minuten gehen lassen. Eigelb mit Milch verrühren, die Hasen damit bestreichen. Rosinen als Augen einsetzen und im heißen Ofen bei 200 °C 20 Minuten backen.

Cupcake-Osternester

*(8 Muffinförmchen,
alternativ Muffinbackblech)
Ergibt ca. 8 Stück*

Teig:

*100 g fein geraspelte Möhren
100 g Butter • 100 g Zucker
1 Pck. Vanillinzucker
100 g gemahlene Mandeln
1 Ei • 200 g Dinkelmehl
1 Pck. Backpulver*

Topping:

*400 g Mascarpone
6 EL Eierlikör • 3 EL Zucker
125 g gehackte Pistazien
Marzipanmöhren
Schokoeier*

Teigzutaten verrühren, in Muffinförmchen füllen und im Ofen bei 175 °C 20 Minuten backen. Auf einem Kuchengitter erkalten lassen. Nun Mascarpone, Zucker und Likör verrühren und als Nest mit dem Spritzbeutel dressieren. Mit Pistazien, Schokoeiern und Marzipanmöhren garnieren.

Gebackene Ostereier

Ergibt ca. 30-40 Stück

250 ml Wasser • 1 Prise Salz
50 g Butter • 160 g Dinkelmehl
4 Eier • 200 ml Sahne
50 g Vollmilchschokolade
etwas Vollmilchkuvertüre

Wie im Grundrezept S. 29 Wasser, Salz und Butter in einem Topf aufkochen. Mehl dazugeben und rühren, bis ein Kloß entsteht. Abkühlen lassen. Eier nacheinander unterrühren. Masse in einen Spritzbeutel geben und Eier auf ein Backblech spritzen. Im heißen Ofen bei 220 °C 15 Minuten backen. Sahne erhitzen, Schokolade darin schmelzen, kalt stellen und anschließend cremig rühren. Mit einem Spritzbeutel die Ostereier füllen. Jetzt Kuvertüre im Wasserbad schmelzen und gitterartig über die Eier verteilen.

Für den Kaffeetisch im Mai

Schoko-Karamell-Herzen
(3 Herzspringformen à 11 cm)
Ergibt ca. 3 Herzen

Teig:
125 g Dinkelmehl • 70 g Butter
40 g Zucker • 1 Eigelb
Mark von 1 Vanilleschote
Füllung:
100 g Butter • 1 Ei
100 g Rohrzucker
150 g Dinkelmehl
1 Pck. Backpulver • 1 Prise Salz
25 g Kakao • 150 ml Milch
Dekor:
weiße Kuvertüre • Himbeeren

Einen Mürbteig zubereiten, dritteln. Den Boden der Herzformen damit auslegen. Die Füllungszutaten ohne Milch gut vermengen, nach und nach mit Milch gleichmäßig verrühren. In die Formen füllen und im Ofen bei 175 °C 20 Minuten backen.
Kuvertüre im Wasserbad schmelzen und gitterartig über die Herzen verteilen. Mit Himbeeren verzieren.

Mohnstriezel

Teig:

500 g Dinkelmehl
250 ml Milch • 140 g Zucker
40 g Hefe
125 g Butter • 2 Eier

Füllung:

250 g Mohn • 30 g Rosinen
375 ml heißes Wasser
1 Prise Salz • 2 EL Honig
1 Msp. Zimt
1 Eigelb • Puderzucker • Wasser

··

Mehl, Milch, Zucker und Hefe vermengen und zugedeckt 15 Minuten
gehen lassen. Mit Butter und Eiern
verkneten und weitere 40 Minuten
gehen lassen. Mohn, Rosinen und
Wasser in einer Schüssel 5 Minuten

quellen lassen. Wasser abgießen, mit Salz, Honig und Zimt vermischen. Teig auf einem Backblech zum Rechteck ausrollen, mit Wasser bestreichen, Mohnfüllung darauf geben und aufrollen. Mit Eigelb bestreichen und im Ofen bei 200 °C 60 Minuten backen. Puderzucker mit Wasser zu einer Glasur verrühren und damit glasieren.

Milchhörnchen

Ergibt ca. 12–15 Stück

500 g Dinkelmehl • 250 ml Milch
30 g Hefe • 30 g Butter
100 g Zucker • 1 Prise Salz • 2 Pck.
Vanillinzucker • 1 Eigelb • 1 EL Milch

Dinkelmehl in einer Schüssel mit lauwarmer Milch und zerbröselter Hefe vermischen, zugedeckt 20 Minuten gehen lassen. Weiche Butter, Zucker, Salz und Vanillinzucker nach und nach dazugeben und verkneten. Erneut 30 Minuten gehen lassen. Teig zu etwa 15 cm langen und 3 cm dicken Würsten drehen, diese zu Hörnchen formen, auf ein Backblech legen und erneut 20 Minuten gehen lassen. Eigelb mit Milch verquirlen, Hörnchen damit bestreichen und im Ofen bei 200 °C 15 Minuten backen.

Maibrot

(Kastenform 30 cm)

450 g Dinkelmehl • 150 g Zucker
2 Pck. Backpulver
1 Pck. Vanillinzucker
200 ml Buttermilch
1 EL Honig • 1 Ei • 50 g Butter
100 g Puderzucker • 1–2 EL Wasser
2 EL Hagelzucker

Mehl, Zucker, Backpulver und Vanillinzucker vermengen und mit den restlichen Zutaten gleichmäßig verkneten. In die Kastenform füllen und im Ofen bei 170 °C 40 Minuten backen. Puderzucker und Wasser verrühren, Brot damit bestreichen und mit Hagelzucker bestreuen.

Maikranz

(Backblech)

500 g Dinkelmehl • 40 g Hefe
250 ml Milch • 200 g Marzipan
100 g Zucker • 3 Eier • 50 g Butter
1 Eigelb • 1 EL Milch
100 g Mandelblättchen

Mehl, Hefe und Milch mischen und 20 Minuten gehen lassen. Geraspeltes Marzipan, Zucker, Eier und Butter in den Teig kneten, 40 Minuten gehen lassen. Zu einem Kranz oder Ring formen, mit Eigelb-Milch-Mix bestreichen, mit Mandelblättchen belegen und bei 200 °C 40 Minuten backen.

Mandel-Zucker-Schnecken

(Backblech)
Ergibt ca. 15–20 Stück

1 Filoteig nach Grundrezept, S. 27
85 g Butter • 85 g Rohrzucker
85 g gemahlene Mandeln
1 Ei • Puderzucker

. . . .

Teig 7 mm dick zu einem Rechteck
ausrollen. Flüssige Butter, Zucker und
Mandeln mischen, auf der Teigplatte
verteilen, aufrollen und 15 Minuten
kalt stellen. In Scheiben schneiden,
mit verquirltem Ei bestreichen und
im Ofen bei 200 °C 10 Minuten backen. Mit Puderzucker bestäuben.

Feine Kuchen &
Beerentörtchen

Mittsommertörtchen

(Springform 26 cm Ø)

Teig:

4 Eier • 1 Prise Salz • 125 g Zucker
1 Pck. Vanillinzucker • 4 EL Wasser
150 g Dinkelmehl
100 g Stärke • 1 Pck. Backpulver

Belag:

200 ml Sahne • 9 g Gelatine
125 g Quark • 1 EL Honig
Mark von 1 Vanilleschote
500 g geputzte Erdbeeren
100 g weiße Kuvertüre
1 Pck. Tortenguss

Eier trennen, Eiweiß mit Salz steif schlagen. Eigelb mit den restlichen Zutaten verrühren. Den Teig in die Form füllen und bei 180 °C 30 Minuten backen. Abkühlen lassen. Sahne mit Gelatinepulver erhitzen, kurz aufkochen und vom Herd nehmen. Quark, Vanillemark und Honig unterrühren, abkühlen lassen. Kuvertüre im Wasserbad schmelzen. Törtchen in gewünschter Größe ausstechen, einen stabilen Ring aus Alufolie herstellen und um die Törtchen legen. Törtchen mit Kuvertüre bestreichen. Erkaltete Creme 1 cm dick aufstreichen. Halbierte Erdbeeren auf die Törtchen verteilen. Tortenguss nach Anleitung zubereiten und gleichmäßig über die Törtchen verteilen.

Mini-Kokos-Kuchen

(2 Mini-Kastenformen à 15 cm)
Ergibt 2 Stück

2 Eier • 80 g Zucker • 80 g Butter
1 Pck. Vanillezucker
100 g Dinkelmehl • 50 g Speisestärke
1 Pck. Backpulver • 1 EL Kakao
1 Prise Salz • 3 EL Kokosflocken

Eier trennen. Eigelb, Zucker, Butter, Vanillezucker mit Mehl, Stärke, Backpulver und Kakao verrühren, in die Formen füllen. Eiweiß mit Salz steif schlagen, Kokosflocken untermischen, auf den Teig streichen und bei 175 °C 30 Minuten backen.

Patchwork-Beerenkuchen

(Kastenform 30 cm)

200 g Butter • 200 g Zucker
3 Eier • 2 Pck. Vanillinzucker
300 g Dinkelmehl • 1 Pck. Backpulver
200 ml Milch • 250 g Heidelbeeren
250 g Stachelbeeren
150 g Aprikosenmarmelade
250 g Mascarpone • 2 EL Zucker
150 g weiße Kuvertüre

....

Butter, Zucker, Eier und Vanillinzucker schaumig rühren. Nach und
nach Dinkelmehl, Backpulver und
Milch unterrühren. Teig halbieren.
Unter eine Hälfte die Heidelbeeren
rühren, in die Form geben und bei
175 °C 30 Minuten backen. Danach

die Stachelbeeren in die andere Teighälfte rühren, in einer zweiten Form bei 175 °C 30 Minuten backen. Auskühlen lassen, längs halbieren und so in 4 gleiche Stücke schneiden.

Nun die Marmelade erhitzen, Seitenteile einstreichen und schachbrettartig die Kuchenteile zusammensetzen. Kuvertüre im Wasserbad schmelzen, mit Zucker und Mascarpone verrühren. Die fertige Creme rund um den Kuchen verteilen.

Tipp: Wer nur eine Kastenform hat, wartet, bis die erste Kuchenhälfte ausgekühlt ist.

Leichter Kirschkuchen

(Springform 26 cm Ø)

200 g Dinkelmehl • 100 g Butter
1 Ei • 1 TL Backpulver
80 g Rohrzucker • 5 Eiweiß
1 Prise Salz • 75 g Zucker
30 g Stärke • 1 Pck. Vanillezucker
500 g entsteinte Kirschen

Aus Mehl, Butter, Ei, Backpulver und Zucker einen Mürbteig für den Boden herstellen. Mit dem Teig den Boden der Form auslegen und einen kleinen Rand stehen lassen. Im Ofen bei 160 °C (Umluft) 20 Minuten backen. Eiweiß mit Salz steif schlagen. Zucker, Vanillezucker und Stärke vorsichtig nach und nach unterheben.

Am Schluss die Kirschen vorsichtig untermischen, auf den noch warmen Teigboden gleichmäßig verteilen, glatt streichen und im Ofen bei 130 °C (Umluft) 40 Minuten backen.

Cappuccino-Schnitten

(Springform 24 x 24 cm, alternativ Springform 26 cm Ø)

225 g Dinkelmehl • 4 Eier
225 g Butter • 1 Pck. Backpulver
1 EL Kakao • 220 g Rohrzucker
125 ml Cappuccino • 3 EL Milch
50 g Butter • 120 g weiße Schokolade
175 g Puderzucker
Kakaopulver zum Bestäuben

Mehl, Eier, Butter, Backpulver, Kakao und Zucker verrühren. Nach und nach Cappuccino unterrühren. Die Masse in die Form streichen und im Ofen bei 180 °C 30 Minuten backen. Milch, Butter und Schokolade schmelzen, Puderzucker unterrühren, auf dem Kuchen verteilen und abkühlen lassen. Kakaopulver durch ein Sieb streichen und den Kuchen damit bestäuben. Dann in Schnitten teilen.

Zitronenschnitten

(Springform 24 x 24 cm oder 26 cm Ø)

250 g Butter • 200 g Zucker
4 Eier • 350 g Dinkelmehl
1 Pck. Backpulver • 200 ml Milch
Schale von 1 Bio-Zitrone
150 g Puderzucker • 50 ml frisch ge-
presster Zitronensaft • Puderzucker

Zutaten von Butter bis Zitronenschale
verrühren. Teig in die Form geben und
bei 175 °C ca. 40 Minuten backen.
Puderzucker im heißen Zitronensaft
auflösen. Den heißen Kuchen mehr-
mals mit einer Gabel einstechen,
Zitronensaft darauf verteilen. Abkühlen lassen, mit Puderzucker bestäuben und in Schnitten teilen.

Törtchen „Linzer Art"

(15 Tortelettförmchen 12 cm Ø)
Ergibt ca. 15 Stück

200 g Butter • 200 g Zucker
1 Pck. Vanillinzucker • 5 Eigelb
350 g Dinkelmehl • 1 TL Zimt
150 g gemahlene Mandeln • 100 g
Himbeermarmelade • 100 g Mandeln,
gehobelt • Himbeeren zum Garnieren

....

Die Zutaten ohne Himbeermarmelade, Mandeln und Beeren zu einem Teig verkneten. Mit 2/3 des Teiges die Formen auslegen. Mit Marmelade großzügig bestreichen. Teigrest zu Streuseln formen und mit den Mandeln auf die Formen verteilen. Bei 180 °C 20 Minuten backen.

Herzhaft Gebackenes zum Grillabend

Brotschnecken

Ergibt ca. 10 Stück

Teig:
250 g Dinkelmehl • 1 TL Salz
1 EL Schmand
1 Pck. Backpulver
1 EL Rapsöl • etwas Wasser

Belag:
1 EL Olivenöl
200 g getrocknete Tomaten
2 EL Oliven
2 EL Italienische Kräuter
1 EL grobes Meersalz

Alle Teigzutaten miteinander verkneten. Teig 5 mm dick ausrollen. Mit Olivenöl bestreichen, mit Tomaten, Oliven und Kräutern belegen, aufrollen, in Scheiben schneiden, mit Meersalz bestreuen und auf einem Backblech im Ofen bei 175 °C 25 Minuten backen.

Hawaiibrötchen

Ergibt ca. 10–12 Stück

500 g Dinkelmehl • 1 TL Salz
250 ml Wasser • 30 g Hefe
200 g gekochter Schinken
1 Baby Ananas

Mehl mit Salz und Wasser vermischen, Hefe hineinbröseln, verrühren und zugedeckt 20 Minuten gehen lassen. Ananas putzen und mit dem Schinken klein schneiden. In den Teig kneten, zu Brötchen formen, auf einem Backblech 30 Minuten gehen lassen. Anschließend bei 200 °C 20 Minuten backen.

Gefülltes Baguette

Ergibt ca. 2 Baguettes

450 g Dinkelmehl • 1 EL Salz
320 ml Wasser • 2 EL Olivenöl
30 g Hefe • 200 g gekochter Schinken
200 g Champignons
4 EL Oliven • 1 Zwiebel
3 EL Olivenöl • Salz • Pfeffer
Kräuter nach Belieben
100 g Tomatenmark
200 g Mozzarella

Mehl mit Salz vermengen, mit Wasser und Öl verrühren. Hefe unterrühren und 40 Minuten zugedeckt gehen lassen. Schinken, Champignons, Oliven und Zwiebeln klein schneiden. Zwei Esslöffel Olivenöl in einer Pfanne erhitzen und die kleingeschnittene Mischung darin anbraten, salzen und pfeffern. Kräuter klein schneiden und mit dem Tomatenmark unter die Mischung geben. Mozzarella klein würfeln. Teig auf einer bemehlten Arbeitsfläche 40 x 30 cm groß ausrollen, Füllung gleichmäßig auf den Teig verteilen (2 cm Rand lassen), mit Mozzarella belegen, kurze Seiten einschlagen und aufrollen. Mit Öl bestrichen auf dem Backblech noch 20 Minuten gehen lassen. Dann im Ofen bei 200°C 30 Minuten goldbraun backen.

Lauchstängel

Ergibt ca. 20 Stück

Quarkölteig:

100 g Quark • 200 g Dinkelmehl
1 EL Olivenöl • 1 Ei • 1 TL Salz
1 Pck. Backpulver

Belag:

20 geputzte Lauchzwiebeln • 1 Eigelb
1 EL Milch • 1 EL ganzer Kümmel
1 EL grobes Meersalz

....

Teigzutaten verkneten und 10 Minuten ruhen lassen. Lauchzwiebeln auf 20 cm kürzen. Eigelb mit Milch verquirlen. Teig in 20 Teile teilen und um die Zwiebeln wickeln. Mit Eimilch bestreichen, würzen und auf einem Backblech bei 175 °C 20 Minuten backen.

Grillbrot

(Feuerfeste Keramikform 25 cm)
Ergibt 1 Brot

1 rote Minipaprika
1 Rosmarinzweig • 250 g Dinkelmehl
1 TL Salz • 1 Pck. Backpulver
2 EL Rapsöl • 1 EL Joghurt
etwas Wasser • 1 EL Mais
1 TL Sesam • 1 TL Schwarzkümmel

Paprika und Rosmarin kleinschneiden, mit den restlichen Teigzutaten verkneten. Form leicht einölen, Teig einfüllen, mit Sesam und Schwarzkümmel bestreuen und auf dem heißen Grill zugedeckt 20 Minuten garen.

Käseecken

Ergibt ca. 10-15 Stück

Teig:

250 ml Milch • 1 Ei • 3 EL Olivenöl
1 Pck. Backpulver • 1 TL Salz
400 g Dinkelmehl

Belag:

1 Ei • 1 EL Schmand • 200 g Feta
100 g Cheddar, gerieben • etwas
frisch gehackter Rosmarin

Teigzutaten verkneten, 10 Minuten ruhen lassen. Teig ausrollen, zu Quadraten von 15 x 15 cm schneiden. Belagzutaten verrühren, Teigquadrate zur Hälfte belegen. Zusammenklappen, Ränder festdrücken, auf einem Backblech bei 180 °C 30 Minuten backen.

Leckereien nicht nur für Kinder

Karamell-Riegel

*(Springform 24 x 24 cm,
alternativ Springform 26 cm Ø)
Ergibt ca. 20 Riegel*

Teig:

*120 g Butter • 175 g Dinkelmehl
50 g Zucker
Schale von 1 Bio-Orange*

Belag:

*175 g Butter • 130 g Zucker
3 EL Honig • 400 ml Kondensmilch
300 g Vollmilch-Kuvertüre
Schale von 1 Bio-Orange*

....

Einen Mürbteig herstellen. Den Boden der Form damit auslegen und im Ofen bei 180 °C 25 Minuten backen.

Nun Butter, Zucker, Honig und Kondensmilch aufkochen und so lange rühren, bis sich der Zucker gelöst hat. Masse weiter köcheln lassen, bis sich die Konsistenz eindickt. Form aus dem Ofen nehmen, Karamellmasse sofort über den Boden gießen und kalt stellen. Kuvertüre im Wasserbad schmelzen. Orangenschale in Juliennestreifen schneiden. Karamellgebäck in Riegel (12 x 2 cm) schneiden und in die Kuvertüre tauchen. Mit Orangenschale garnieren und auf einem Kuchengitter aushärten lassen.

ABC-Kekse

Ergibt ca. 26 Stück

*250 g Dinkelmehl • 1 Ei • 1 Msp. Zimt
100 g Rohrzucker • 2 Pck. Vanillinzucker • 1 EL Kakaopulver
100 g Butter • 200 g Puderzucker
etwas heißes Wasser*

Aus Dinkelmehl, Ei, Zimt, Zucker, Vanillinzucker, Kakaopulver und Butter
einen Teig herstellen, 2 Stunden kalt
stellen. Teig 5 mm dick ausrollen,
mit einem Rollmesser Buchstaben
ausschneiden und auf einem Backblech bei 180°C 12 Minuten backen.
Puderzucker mit Wasser zur Glasur
rühren und die Buchstaben damit
bestreichen.

Studentenhappen

Ergibt ca. 10 Stück

225 g Butter • 150 g Zucker
1 Eigelb • 1 Pck. Vanillinzucker
225 g Dinkelmehl • 1 Msp. Zimt
80 g weiße Schokolade
2 EL Studentenfutter
100 g weiße Kuvertüre

Weiche Butter mit Zucker, Eigelb, Vanillinzucker, Mehl und Zimt verkneten. Schokolade klein hacken und mit dem Studentenfutter gleichmäßig in den Teig kneten. Große Taler formen, in Abständen auf ein Backblech legen und im Ofen bei 180 °C 15 Minuten backen. Kuvertüre schmelzen und gitterartig über die Taler ziehen.

Quarkmäuse

Ergibt ca. 25 Stück

Teig:
500 g Dinkelmehl • 125 ml Milch
Mark von 1 Vanilleschote
100 g Zucker • 100 g Quark (zimmer-
warm) • 40 g Hefe
Dekor:
Mandelhälften als Ohren • Rosi-
nen als Augen • Puderzucker zum
Bestäuben • etwas Schnur

....

Einen Hefeteig herstellen und zugedeckt 30 Minuten gehen lassen. Teig
zu walnussgroßen Kugeln formen,
Mandelhälften als Ohren anstecken
und Rosinen als Augen eindrücken.
Auf ein Backblech setzen und weite-

re 20 Minuten gehen lassen. Nun im Ofen bei 200 °C 15 Minuten backen. Noch warm mit Puderzucker bestäuben. Schnur in 10 cm lange Stücke schneiden, an einem Ende einen Knoten setzen und das andere Ende mit Hilfe einer Nadel in die Maus als Schwanz stecken.

Amerikaner

Ergibt ca. 25 Stück

Teig:

100 g Butter • 100 g Zucker
1 Pck. Vanillinzucker • 1 Prise Salz
2 Eier • 3 EL Milch • 2 EL Crème fraîche
300 g Dinkelmehl • 1 Pck. Backpulver
1 Pck. Vanillepuddingpulver

Glasur:

200 g Zartbitter-Kuvertüre
200 g Puderzucker • Wasser

Butter mit Zucker, Vanillinzucker, Salz und Eiern verrühren. Milch und Crème fraîche zugeben und unterrühren. Nach und nach Mehl, Backpulver und Puddingpulver einrühren. Mit einem Esslöffel die Masse auf ein Backblech verteilen (auf Abstand achten) und im Ofen bei 175 °C 20 Minuten backen. Kuvertüre im Wasserbad schmelzen und eine Hälfte der Amerikaner damit bestreichen. Puderzucker mit etwas heißem Wasser verrühren und die andere Hälfte damit besteichen.

Doppeldecker

Ergibt ca. 12 Stück

2 Pck. Vanillinzucker • 1 Prise Salz
250 g Butter • 200 g Zucker • 1 Ei
1 Eigelb • 250 g Dinkelmehl
200 g Nougat
50 g gehackte Mandeln

Vanillinzucker mit Salz, Butter, Zucker, Ei, Eigelb und Mehl verkneten. Teig 5 mm dünn auf einem Backblech ausrollen und eine gerade Anzahl an Rechtecken (7 x 5 cm) ausschneiden, bei 180 °C 12 Minuten backen. Nougat erhitzen, auf die Hälfte der Kekse streichen, Mandeln aufstreuen, restliche Kekse darauf legen.

Advents- & Weihnachtsgebäck

Honigkuchen

130 ml Rapsöl • 250 g Zucker
200 g Honig • 200 g Rübensirup
650 g Dinkelmehl • 1 Pck. Backpulver
250 g gemahlene Mandeln • 4 Eier
1 EL Lebkuchengewürz • 1 Prise Salz
3 EL Sahne • 100 g gehackte Mandeln

Öl, Zucker, Honig und Sirup kurz aufkochen. Abgekühlt mit allen Zutaten
außer Sahne und gehackten Mandeln
mischen, auf ein Backblech streichen
und 1 Stunde ruhen lassen. Mit Sahne bestreichen, Mandeln aufstreuen,
bei 200 °C 40 Minuten backen.

Ingwer-Cantuccini

(Backblech)
Ergibt ca. 30 Stück

10 g frischer Ingwer • 250 g Dinkel-
mehl • 1 Pck. Backpulver
130 g Zucker • 1 Pck. Vanillinzucker
30 g Butter • 3 Eier
125 g gemahlene Mandeln
1 Msp. Zimt • 1 TL Rosmarin

Ingwer putzen, sehr klein schneiden und mit den restlichen Zutaten verkneten. Teig zu einer 3 cm dicken Rolle formen und bei 175 °C 15 Minuten backen. Das Blech aus dem Ofen nehmen, Rolle in 1 cm dicke Scheiben schneiden und erneut bei 175 °C 10 Minuten backen.

Weihnachtssterne

Ergibt ca. 30 Stück

500 g Dinkelmehl • 30 g Hefe
250 ml Milch • 100 g Butter
150 g Zucker • 1 Pck. Vanillezucker
50 g Rosinen • 2 Eigelb • 1 Prise Salz
1 TL Zimt • 100 g Mandelstiftchen
200 g Puderzucker • 3-4 EL Wasser

Mehl mit Milch und Hefe vermengen, zugedeckt 20 Minuten gehen lassen. Mit übrigen Zutaten verkneten, noch 40 Minuten gehen lassen. Teig 1 cm dick ausrollen, große Sterne ausstechen, auf einem Backblech bei 200 °C 20 Minuten backen. Puderzucker mit heißem Wasser verrühren und die Sterne damit glasieren.

Englisches Früchtebrot

(Kastenform 30 cm)

100 g Feigen • 100 g Datteln
300 g Dinkelmehl • 5 Eier
1 Pck. Backpulver • 2 TL Zimt
125 g Rübensirup • 70 g Walnüsse
70 g Haselnüsse • 100 g Rosinen
50 g Zitronat • 50 g Orangeat
2 EL Rum

Die Feigen und Datteln klein schneiden. Mehl mit Eiern, Backpulver, Zimt und Rübensirup vermischen. Nun Nüsse und Trockenfrüchte sowie Zitronat, Orangeat und Rum in den Teig einarbeiten. In die Kastenform geben und bei 150 °C 60 Minuten backen.

Marillenringe

Ergibt ca. 20 Stück

200 g Dinkelmehl • 80 g Zucker
2 Pck. Vanillezucker
1 Msp. Zimt • 1 Eigelb • 125 g Butter
Puderzucker zum Bestäuben
100 g Marillenmarmelade

Zutaten ohne Marmelade und Puderzucker zu einem Mürbteig verkneten, kalt stellen. Teig 5 mm dick ausrollen, eine gleiche Anzahl an runden Plätzchen und Ringen mit 5 cm Ø ausstechen. Auf einem Backblech bei 180 °C 12 Minuten backen. Ringe mit Puderzucker bestäuben, Marmelade erhitzen, auf die Plätzchen streichen und Ringe darauf setzen.

Schoko-Preiselbeer-Kuchen

(Springform 26 cm Ø)

500 ml Sahne
100 g Vollmilch-Kuvertüre
3 Eier • 150 g Butter
70 g Zucker • Mark von 1 Vanille-
schote • 80 g Dinkelmehl
1 Pck. Backpulver
100 g gemahlene Mandeln
1 EL Lebkuchengewürz
2 EL Kakaopulver • 90 g Zucker
2 Pck. Tortenguss rot
250 g Preiselbeeren (Glas)

Sahne mit Kuvertüre erhitzen, schmelzen und über Nacht kalt stellen. Eier trennen, Eiweiß zu steifem Schnee schlagen. Butter, Zucker, Vanillemark und Eigelb verrühren. Mehl, Backpulver, Mandeln, Lebkuchengewürz und Kakaopulver unterrühren. Eischnee vorsichtig unterheben. Teig in die Form geben und bei 180 °C 30 Minuten backen. Tortenguss mit Preiselbeersaft herstellen, Preiselbeeren unterheben und auf den Kuchen streichen. Sahne cremig schlagen und auf dem erkalteten Kuchen gleichmäßig verteilen.

Naschwerk durchs Jahr

Franzbrötchen

Ergibt ca. 8 Stück

500 g Dinkelmehl • 40 g Hefe
70 g Butter • 100 g Zucker
1 Prise Salz • 250 ml Milch
200 g Butter • 200 g Zucker
2 Pck. Vanillezucker • 3 TL Zimt
200 g Puderzucker • Wasser

Mehl in eine Schüssel geben, in die Mitte eine Mulde drücken und die Hefe hineinbröseln. Weiche Butter, Zucker und Salz auf dem Mehlrand verteilen. Milch über die Hefe geben und von innen nach außen verkneten. Den Teig zugedeckt 20 Minuten gehen

lassen. Nun den Teig zu einem Rechteck 30 x 25 cm groß ausrollen, kalte Butter in dünne Scheiben schneiden und auf einer Teighälfte verteilen. Teig zusammenlegen, Ränder festdrücken und erneut ausrollen. Nun von der Schmalseite ein Teigdrittel einschlagen, das letzte Drittel darüber legen, sodass drei Teigschichten übereinander liegen, erneut 15 Minuten ruhen lassen. Jetzt den Teig zu einem Rechteck von 80 x 40 cm ausrollen, mit Wasser bestreichen. Zucker, Vanillezucker und Zimt vermengen, auf den Teig streuen und von der Längsseite her aufrollen. Die Rolle in 6 cm große Stücke schneiden und auf ein Backblech legen. Mit einem Kochlöffelstiel in der Mitte parallel kräftig eindrücken und erneut 20 Minuten gehen lassen. Anschließend im Ofen bei 180 °C 20 Minuten backen. Puderzucker mit etwas heißem Wasser verrühren und die noch heißen Franzbrötchen damit glasieren. Zum Schluss auf einem Kuchengitter vollständig erkalten lassen.

Dinkelschnitten

*(Springform 24 x 24 cm,
alternativ Springform 26 cm Ø)*

*200 g Dinkelflocken
120 g gehackte Mandeln
50 g Dinkelmehl • 120 g Butter
2 EL Lavendelhonig
85 g Rohrohrzucker*

Dinkelflocken mit Mandeln und Mehl vermischen. Butter, Honig und Zucker in einem Topf bei mäßiger Hitze schmelzen, heiß über die Dinkel-Nuss-Mischung geben, gut vermengen und in die Form füllen. Im Ofen bei 180 °C 25 Minuten backen. Kuchen abkühlen lassen und dann in Schnitten schneiden.

Zuckerbrezeln

(Backblech)
Ergibt ca. 25 Stück

½ Filoteig nach Grundrezept, S. 27
300 g Dinkelmehl • 2 Eigelb
100 g Zucker • 200 g Butter
70 g Aprikosenmarmelade

Mehl, 1 Eigelb, Zucker und Butter miteinander verkneten, zu einer Platte 50 x 35 cm ausrollen und mit dem zweiten Eigelb gleichmäßig bestreichen. Die Filoteigplatte genauso groß ausrollen und darüber legen. Gut andrücken, in 1,5 cm dicke Streifen schneiden, spiralförmig drehen, zu Brezeln formen und im Ofen bei 200 °C 15 Minuten backen. Marmelade unter Rühren erhitzen und die noch heißen Brezeln damit bestreichen. Auf einem Kuchenrost auskühlen lassen.

Mandelstreifen

*(Springform 24 x 24 cm,
alternativ Springform 26 cm Ø)*

*200 g Dinkelmehl • 150 g Butter
25 g Zucker • 1 Ei • 80 g Marzipan
1 EL kaltes Wasser • 120 g Butter
120 g Zucker • 120 g gemahlene
Mandeln • 3 Eier
8 Tropfen Bittermandelaroma
2 EL Mandelblättchen
4 EL Aprikosenmarmelade*

Mehl, Butter, Zucker, Ei, Marzipan und kaltes Wasser zu einem Mürbeteig verkneten. Den Boden der Form damit auslegen. Butter, Zucker, gemahlene Mandeln, Eier und Aroma vermischen und auf den Teigboden verteilen. Mit den Mandelblättchen bestreuen und anschließend im Ofen bei 175°C 25 Minuten backen. Aprikosenmarmelade leicht erwärmen und glatt rühren und gleichmäßig über den noch warmen Kuchen gießen. Zum Schluss den Kuchen erkalten lassen und in Stücke schneiden.

Schoko-Windbeutel

Ergibt ca. 15 Stück

Brandteig:

100 g Dinkelmehl • 2 EL Kakaopulver
1 Prise Salz • 225 ml Wasser
80 g Butter • 3 Eier

Füllung:

2 EL Wasser • 1 Pck. Gelatinepulver
350 g Erdbeeren
220 g Ricotta • 1 EL Zucker
Puderzucker zum Bestäuben

....

Für die Füllung das Wasser erhitzen, Gelatine darin auflösen, aufkochen und vom Herd nehmen. Erdbeeren, Ricotta und Zucker pürieren, Gelatine unterrühren und 2 Stunden kalt stellen.

Für den Teig Mehl, Kakao und Salz mischen. Wasser und Butter erhitzen, bis die Butter geschmolzen ist, aufkochen lassen und die Mehlmischung einrühren. So lange rühren, bis sich ein Kloß bildet, der sich vom Topfrand löst. Nun die Masse abkühlen lassen und die Eier nacheinander unterrühren. Mit Hilfe eines Esslöffels kleine Teigkugeln auf ein Backblech setzen und im Ofen bei 220 °C 20 Minuten backen. Die Windbeutel abkühlen lassen, aufschneiden und mit Creme füllen. Zum Schluss mit Puderzucker bestäuben.

Rezeptverzeichnis

ABC-Kekse	95
Amerikaner	99
Baguettes, gefüllte	86
Brandteig	29
Brotschnecken	82
Cappuccino-Schnitten	77
Cupcake-Osternester	55
Dinkelschnitten	116
Donuts, gebackene	40
Doppeldecker	102
Englisches Früchtebrot	107
Filo-/Strudelteig	27
Franzbrötchen	112
Glücksschweinchen	36
Grillbrot	90
Hawaiibrötchen	85
Hefeteig, einfacher	26
Honigkuchen	103
Ingwer-Cantuccini	104

Karamell-Riegel	92
Käseecken	91
Kirschkuchen, leichter	76
Konfettitaler	48
Lämmchen, süße	50
Lauchstängel	88
Luftschlangen	44
Maibrot	65
Maikranz	66
Mandelstreifen	118
Mandel-Zucker-Schnecken	68
Marillenringe	108
Milchhörnchen	63
Mini-Berliner	46
Mini-Kokos-Kuchen	72
Mittsommertörtchen	69
Mohnstriezel	62
Mürbeteig, salziger	23
Mürbeteig, süßer	22
Osterbrot	52

Ostereier, gebackene	56
Osterhasen	54
Patchwork-Beerenkuchen	73
Quarkbällchen	47
Quarkmäuse	98
Quarkölteig	24
Rosinenkrapfen, holländische	34
Schmalzbrezeln	35
Schoko-Karamell-Herzen	59
Schoko-Preiselbeer-Kuchen	110
Sektcrissini	33
Strudelstangen	30
Studentenhappen	96
Teigmuscheln, gefüllte	38
Törtchen „Linzer Art"	80
Weihnachtssterne	106
Windbeutel, Schoko-	121
Zauberstäbe	43
Zitronenschnitten	79
Zuckerbrezeln	117

Aus dem lieferbaren
Mini-Angebot

Naturbüchlein & gesunde Kochbüchlein

Aronia • Beerenbüchlein • Blüten für Genießer
Champignon & Co. • Essen von der Wiese
Essbares von Bäumen & Sträuchern • Gesundes
Kraut • Heilkräuterbüchlein • Herbe Beeren
Holunder-Rezepte • Honig • Ingwer • Kleine
Kräuterapotheke • Kleine Pilzkunde • Küchenkräu-
tergarten • Kürbisbüchlein • Multitalent Zwiebel
Mythos Ginkgo (auch engl.) • Noch mehr Essen
von der Wiese • Salbei • Sanddorn-Rezepte
Vegane Küche

Essen & Trinken

Alles gewickelt & gerollt • Alles vom Ei • Backen &
Naschen • Berlin & Mark Brandenburg kulinarisch
Brot backen • Drinks • Essen wie im Mittelalter
Feines Dinkelgebäck • Fingerfood • Kaffeever-
gnügen • Kleines Fisch-Kochbuch • Kochbüchlein
Schweiz • Lauter scharfe Sachen • Marmelade
& Gelee • Mecklenburg-Vorpommern kulinarisch
Milch-Büchlein • Pasta vegetarisch • Sachsen kuli-

narisch (auch engl.) • Sachsen-Anhalt kulinarisch
Schokoladenbüchlein • Sektbüchlein • Senf-
büchlein • Süßes im Advent • Süße Verführung
Teegenuss • Thüringen kulinarisch • Trendgebäck

Literarisches
Das kleine Bach-Büchlein (auch engl.) • Wilhelm
Busch • Frauen & Männer • Frauen-Weisheit
Goethe-Zitate • Gute-Laune-Büchlein
Heldenjungfrauen • Ich hab dich so lieb
Liebe Mama ... • Liebe Oma ... • Lieber Opa ...
Lieber Papa ... • Lotter-Wirtschaft • Rosa Luxem-
burg • Märchenkönig Ludwig II. (auch engl.)
Karl May • Wolfgang Amadeus Mozart (auch
engl.) • Musenkuss – Richard Wagner • Nietzsche-
Zitate • Philosophinnen-Sprüche • Rainer Maria
Rilke • Schiller-Zitate • Clara & Robert Schumann
Theodor Storm • Thomaner-Büchlein • Weisheiten
aus dem Fernen Osten • Weisheiten der Welt
Heinrich Zille

Stadt & Land
Auf der Saale-Unstrut-Weinstraße
Auf der Sächsischen Weinstraße
Berlin für die Westentasche (auch engl.)

Burgen und Schlösser im Erzgebirge
Chemnitz für die Westentasche • Dresden für die
Westentasche (auch engl.) • Halle für die Westen-
tasche • Herrnhut • Im Spreewald unterwegs
Leipzig für die Westentasche (auch engl.)
München für die Westentasche • Musikalischer
Stadtrundgang durch Leipzig • Parks & Gärten in
Sachsen-Anhalt • Weimar für die Westentasche

Besonderes
Bauernweisheiten durchs Jahr • Erzgebirgisches
Weihnachtsbüchlein • Gut beraten, froh gestimmt.
HairAffair! • Heiter bis wolkig. Vom Wetter
Kösener Spielzeug • Neues Katzenbüchlein
Sandmännchen • Wahrsagen à la Lenormand

BuchVerlag für die Frau
Gerichtsweg 28 · 04103 Leipzig
www.buchverlag-fuer-die-frau.de

ten und Teiche angelegt und exotische Pflanzenkulturen aufgezogen. Auf Goethes Veranlassung, in Übereinstimmung mit seinem Freund Carl August, Herzog von Sachsen-Weimar-Eisenach, wurde im Jahre 1813 der heute in Weimar bekannteste Ginkgobaum gepflanzt. Damals stand der Baum südöstlich des Fürstenhauses, heute hinter der Musikhochschule Franz Liszt, am Übergang zur Anna-Amalia-Bibliothek. Er ist in den Jahren zu einem stattlichen Baum herangewachsen, der

Atsuko Kato: Spuren I.
Öl, 1990

täglich von vielen Besuchern und Weimar-Touristen bestaunt wird. Ein weiteres, mächtiges Exemplar kann man im Garten des Goethe-Schiller-Archivs bewundern.

In Weimar zählt man heute über 90 Ginkgobäume.

Interessanterweise sind die Außen-fassaden des Goethe- und Schiller-Wohnhauses in den leuchtenden Herbstfarben des Ginkgolaubes ge-strichen. Ob diese Wirkung Absicht oder Zufall ist, ist nicht bekannt.

Die beiden Ginkgoblätter

(Gedichtauszug)

Sommermüde Ginkgoblätter,
leuchtend wie Zitronenfalter
Flattern auf die Bank hernieder,
Raunen, wispern:
»Weißt du noch?«

»Denkst du noch?« –
So singt das eine
Doppelstimme – »jener Tage,
Wo zwei Seelen, die sich suchten,
Zur Zweieinigkeit gefunden?

Schau mich an!
Ihr Geist erschuf mich
Ohne Riß- und Scheidegrenze
Sanft umsäumt von Wellenlinien,

*Herzen, zweifach und
verschmolzen.«*

*Doch die andre Doppelstimme
Raunt mir zu:
»Denkst du der grauen
Schicksalstage, die euch trennten?
Ich erwuchs in ihrem Zeichen.*

*Tief gespalten, losgerissen
Eine Hälfte von der andern –
Schau mich an – unlöslich
bleiben
beide Herzen doch verbunden.«*

Otto Crusius, Philologe, Präsident der
Bayerischen Akademie
der Wissenschaften, München

FASZINIERENDES
KUNSTMOTIV

Ginkgo gilt seit Jahrhunderten als
Trostspender, Hoffnungsfunke, Heilkraft und lebende Legende.
Einerlei ob Holz, Rinde, Laub oder
Samen – der Weltenbaum wurde
und wird von den Menschen auf
vielfältige Weise genutzt. Die Grenzen zwischen ritueller und prakti-
scher Bedeutung des Ginkgo sind
fließend. Dank seiner Feuerbestän-
digkeit und Immunität gegenüber
Schädlingen wird Ginkgoholz in
Asien seit langer Zeit für den Haus-

bau und zur Herstellung von
Gerichtstischen genutzt.
Da in Südostasien auch dem Holz
die geheimen Kräfte zugeschrieben
werden, kleidete man damit bud-
dhistische Tempel aus und fertigte
Schreine und Skulpturen daraus.
In Japan stellte man aus Ginkgoholz
Gebrauchsgegenstände für die tradi-
tionelle Teezeremonie her oder ver-
wendete es zum Schnitzen für
Schachfiguren und andere Kunst-
gegenstände.

Handspiegel mit Ginkgo-Motiven,
Bronze, Japan um 1850,
Völkerkundemuseum Leipzig

Als Gestaltungsmotiv für Kunst und Kunsthandwerk entdeckte man Ginkgo in Japan und China erst sehr spät. Vor allem das charakteristisch geformte Blatt und die Früchte erlangten in diesem Zusammenhang Bedeutung in der Malerei, besonders aber im Kunsthandwerk. Das fächerförmige Blatt schmückte kunstvoll gestaltete Schwerter und Vasen, Kimonos, Tücher und Stoffe. Wie so oft war man auf diesem Gebiet der westlichen Welt voraus. Erst zu Beginn des 20. Jahrhunderts wur-

Pflanzenstudien.
Kunstgewerbeschule Dresden, 1903

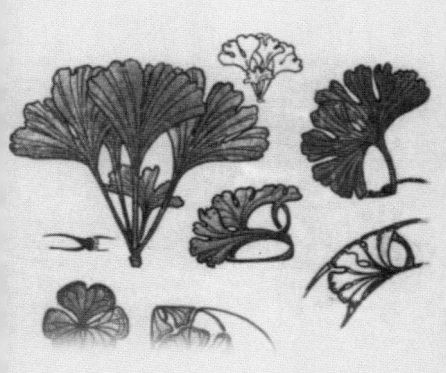

de man in Europa auf die Gestal-
tungsmöglichkeit von Textilien mit
dem Blattmotiv aufmerksam. In vielen Textilschulen Europas entstanden in diesem Zeitraum Entwürfe für
Stoffe mit Ginkgo-Dekor.

Eine wahre Flut von Ginkgo-Variatio-
nen brachte der französische und
deutsche Jugendstil (Art Nouveau)
hervor, dessen Formen-, Material-
und Farbenvielfalt keine Grenzen
kannte. Beredte Zeugnisse dieser
produktiven Zeit finden sich in vielen Bereichen der angewandten
und Gebrauchskunst wieder. Kera-

Bucheinband von Josef Berchthold, 1879

DEUTSCHE KUNST
UND DEKORATION

HERAVSGEBER
ALEX·
KOCH
DARMSTADT

mik-, Glas- und Kunstschmiedear-
beiten dieser Zeit wurden maßgeb-
lich vom Ginkgo-Design beeinflusst.
Ginkgo-Ranken schmückten Haus-
wände, Fensterrahmen, Geländer,
Lampenschirme und -ständer.
Vasen, Schalen, Geschirr, Tischgarni-
turen und zahlreiche andere Gebrauchsgegenstände erhielten mit
Ginkgo-Motiven verziert ein einzig-
artiges Dekor.
Ob üppig oder schlicht, geome-
trisch oder verspielt – auch bei der
Kreation von Schmuck wie Bro-

Brosche. Gold, Granate, Chrysopas.
Fachschule Turnau/Böhmen, nach 1900

schen, Halsketten, Hutnadeln oder Gürtelschließen gab es eine schier unendliche Ideenvielfalt.

Auch uns ist das Ginkgo-Motiv vor allem aus dem Bereich der Schmuckherstellung bekannt. Wir finden es heute wieder bei Anhängern, Ohrsteckern oder Broschen, die beliebte Verschenkobjekte sind.

Die folgenden Verse entstanden als Dank des Autors an Frau Professor h.c. Julia Serisava von der Universität Dokkio in Tokio/ Japan für ihre Ermutigung, sich dem Thema Ginkgo zu widmen.

Goethebaum

*O du von Mutter Natur
so üppig bedachter Baum,
du stolzer und kräftiger
Gartentraum.*

*Von den Jahrmillionen
der Evolution verschont,
zu überleben im Getümmel
der Welt – bist du gewohnt.*

*Du spornst an die Gefühle,
bist uns Kunst und Kultur,
bleibst als Eines oder doppelt
der Klassiker – pur.*

Heinrich G. Becker

BAUM
DER JAHRTAUSENDE

Die Verehrung des Waldes allgemein
und des Baumes im Besonderen ist
so alt wie die Menschheit.
Der Wald war von großer Bedeutung
für das menschliche Leben – als
Baustoff, Energiespender und für die
Landwirtschaft. Leider gingen die
Menschen viel zu lange verschwen-
derisch und gedankenlos mit den
natürlichen Gaben um, in der An-
nahme, die Vorräte seien uner-
schöpflich.
Selbst heute müssen oft ganze Wäl-

der weichen, um Platz zu schaffen
für noch breitere Straßen oder neue
Gewerbegebiete.

Da war es nur eine Frage der Zeit, bis
Aktionen gegen die Zerstörung der
»grünen Menschenfreude« (Bertolt
Brecht) organisiert wurden.

Ein erster Aufruf in dieser Richtung
erging 1951 an alle Mitgliedsländer
der FAO (Food and Agricultur Organi-
sation). Es wurde vorgeschlagen, jedes Jahr einen Tag des Baumes zu
begehen, um das Bewusstsein der
Menschen für den Wert des Baumes
zu sensibilieren.

Ursprung der Idee ist der »Arbor
Day«, der 1854 von dem Amerika-

ner J. Sterling Morton ins Leben ge-
rufen wurde. Durch sein Engage-
ment entstand eine bedeutende,
die gesamte USA erfassende Bewe-
gung für den Erhalt und die Pflege
des Baumbestandes.

Den Tag des Baumes konnte jedes
Land nach den günstigsten Bedin-
gungen individuell festlegen. In
Deutschland wird am 25. April jedes
Jahres dieser Tag mit Aktivitäten rund
um den Baum gefeiert. In diesem
Zusammenhang verwirklichte 1989
der Umweltschutzverein Wahlstedt

Atsuko Kato, Drachenflug am Ginkgoberg.
Öl, 1990

in Schleswig-Holstein mit der Aktion
»Rette die Bäume – rette den Wald«
den Gedanken, eine Baumart zum
Baum des Jahres zu krönen. Die
Eiche wurde 1989 als erste Baumart
gewürdigt.

Das breite Medienecho ermutigte
die Initiatoren zur Weiterführung der
Aktion.

Als Ansprechpartner und um der Be-
wegung eine Plattform zu geben,
wurde 1991 das Kuratorium Baum
des Jahres (KBJ) in Berlin gegründet.
Es übernahm die PR-Arbeit und die
Auswahlvorbereitung für den Baum
des Jahres. Vom KBJ wird gemein-
sam der Baum des folgenden Jahres

ausgerufen, d.h. bereits im Oktober
des Vorjahres wird der zu ehrende
Baum ausgewählt.

Kriterien für die Wahl zum Baum des
Jahres sind u.a. Seltenheit, Schönheit,
Beliebtheit, ökologische oder land-
schaftliche Bedeutung. Mit der Aus-
wahl wird eine beispielsweise besonders gefährdete Baumart ins
Gespräch gebracht und mit verstärk-
ter Öffentlichkeitsarbeit ein breites
Publikumsinteresse an dem gewähl-
ten Baum erzielt. Das KBJ möchte
mit der Ausrufung zu Pflanzaktionen,
Baumpatenschaften oder Wettbe-
werben anregen.

Seit 1989 wurden folgende Baumar-

ten zum »Baum des Jahres« gewählt:
1989 Eiche, 1990 Buche, 1991 Linde, 1992 Ulme, 1993 Speierling, 1994 Eibe, 1995 Spitzahorn, 1996 Hainbuche, 1997 Eberesche, 1998 Wildbirne, 1999 Silberweide, 2000 Sandbirke, 2001 Esche.

Eines der prominenten Mitglieder des Kuratoriums ist der in Berlin lebende Konzept- und Installationskünstler Ben Wargin, der schon seit geraumer Zeit den Ginkgo zu seinem Kunstobjekt erkoren hat. Mit einer mumifizierten Ginkgo-Baumkrone machte er z.B. 1985 auf den verehrungswürdigen Baum aufmerksam.

Bis heute setzt der über 70jährige seine Kunstaktionen und Performances rund um das Thema Ginkgo fort.

Von ihm erging der Vorschlag an das Kuratorium, den Ginkgo biloba zum Baum der Jahrtausende zu erklären.

Dahinter steht nicht nur der Gedanke, Ginkgo als lebendes Wunder zu würdigen, sondern die Mahnung den Wunderbaum zu bewahren.

Paradoxerweise wächst er nur in zwei kleinen chinesischen Provinzen noch wild – alle anderen Bäume, selbst die Ginkgoveteranen Japans, sind von Menschenhand

vermehrt worden. Dieses »Unikum«
verdankt seine weltweite Wiederver-
breitung nur dem Menschen. Außerdem findet durch die Vorliebe für
männliche Bäume eine generative
Vermehrung nur noch selten auf
natürliche Weise statt.

Nun ist es an uns, ihm die nötige
Hilfe zu geben, ihn zu pflegen und
zu erhalten.

Fruchtender weiblicher Ginkgo

LUST AUF GINKGO?

Das Ginkgo-Ansaat-Set in der
praktischen Box enthält:
3 Ginkgo-Nüsse, Keimerde,
2 Terracottatöpfchen.
Eine ausführliche Aussaatanleitung
liegt bei.

Wir übernehmen den Versand
für Sie:
Becker -exclusiv-
Frauentorstr. 19
99423 Weimar
Bestelltelefon und Fax:
03643/ 503123
Ginkgo-Shop online:
www.Statuen.com

Quellenverzeichnis

Härtling, Peter: An den Ginkgo… In: Moderne deutsche Naturlyrik. Stuttgart 1980.

Hesse, Hermann: Wanderung. Berlin 1949.

Jung, Prof. Dr. Walter: Der Ginkgo-Baum, ein Unikum mit Vergangenheit (Internetbeitrag)

Köhler, Peter: Die Heilkraft des Ginkgo. München 1998.

Kuratorium Baum des Jahres (Internetseite)

Michel, P.-F.: Ein Baum besiegt die Zeit – Ginkgo biloba, Ettlingen 1999.

Scherf, Gertrud: Die Kraft der Heilpflanzen. Ginkgo. München 1998.

Schmid, Maria/ Schmoll g.E., Helga: Ginkgo. Ur-Baum und Arzneipflanze. Mythos, Dichtung und Kunst. Stuttgart 1994.

Teusen, Gertrud: Ginkgo – natürliche Energie für Ihr Gehirn. Stuttgart 1998.

Unseld, Siegfried: Goethe und der Ginkgo. Frankfurt/ Main 1998.

Aus dem lieferbaren Mini-Angebot

Kochbüchlein

Apfelessig-Büchlein
Das besondere Backbüchlein
Bierbüchlein • Böhmisches Kochbüchlein
Brotbüchlein • Gebackene Desserts
Gelee, Konfitüre & Co. • Honigbüchlein
Kaffeebüchlein • Kloß- und Knödelbüchlein
Kochbüchlein Berlin & Mark Brandenburg
Kochbüchlein Lausitz •
Kochbüchlein Mecklenburg-Vorpommern
Kochbüchlein Sachsen
Kochbüchlein Sachsen-Anhalt
Kraut und Rüben • Küchenkräuterbüchlein
Likör und Pralinen • Neues Fischbüchlein
Osterbüchlein • Ostpreußen-Kochbüchlein
Pfefferkuchenbüchlein • Sauerkrautbüchlein
Schlesisches Kochbüchlein
Teevergnügen • Thüringen kulinarisch
Weinbüchlein • Würzige Knabbereien

Pflanzenbüchlein

Balkonfreuden • Mythos Ginkgo
Naturapotheke • Wildkräuterbüchlein

Der besondere Band

ABC der Zimmerer
Berlin für die Westentasche
Das kleine Bach-Büchlein
Das kleine Kamasutra • Erzgebirgisches
Weihnachtsbüchlein • Flirt, Flirt
Flotte Sprüche • Frühlingsbüchlein
Goethe-Zitate • Herbstbüchlein
Hundebüchlein • Katzenbüchlein
Das kleine Sachsenbuch • Lippen locken …
Nietzsche-Zitate • Ostereierbüchlein
Pferdebüchlein • Sandmännchen-Büchlein
Schiller-Zitate • Schnupfenbüchlein
Sommerbüchlein • Von Jahr zu Jahr
Wetter- & Bauernregelbüchlein
Wilhelm-Busch-Zitate • Winterbüchlein

BuchVerlag für die Frau
Postfach 100348 • 04003 Leipzig